Mes petites énigmes

CM2 et 6e
10 - 12 ans

LA MALÉDICTION DU PHARAON

Auteur : Thomas C. Brezina
Traducteur : Sophie Lamotte d'Argy
Illustratrice : Naomi Fearn

hachette
ÉDUCATION

Maquette de couverture : Mélissa Chalot
Maquette intérieure : Mélissa Chalot
Illustration de couverture : Naomi Fearn
Colorisation des illustrations : Simon Sternis
Réalisation PAO de l'intérieur : Médiamax

Title of the original German edition:
Ein Fall für dich und das Tiger-Team: *Der Fluch des Pharao*

www.schneiderbuch.de
Text: Thomas C. Brezina
www.thomabrezina.com
Title and inside illustrations: Naomi Fearn

Crédit des images : fond matière bois ; paire de lunettes ; trombone ; punaise ; boussole ; crayon : © Shutterstock.

ISBN : 978-2-01-786552-0

www.hachette-education.com

Sommaire

Le Club des tigres

Alexandre

Nom : Alexandre – fort comme un tigre
Mes qualités : avant, j'étais plutôt dodu ; aujourd'hui, j'ai des muscles d'acier. Très sportif, j'aime le foot et l'athlétisme. Je suis également doué pour faire le clown.
Mon plus gros défaut : je ne suis pas toujours aussi courageux que je le prétends.
Ce que j'adore : les récréations, mon lapin – Benny –, le saut en parachute, les pizzas, le thé glacé et les bonnes plaisanteries.
Ce qui m'exaspère : les tricheurs et les casse-pieds.
Ma devise : « En avant toute ! »

Chloé

Nom : Chloé – agile comme un tigre
Mes qualités : je collectionne avec passion toutes sortes d'objets. Je suis quelqu'un qui préfère prendre les choses en main, parce que les garçons sont parfois un peu mollassons (mais ne le répétez pas !).
Mon plus gros défaut : d'après mes amis, je suis une vraie tête de mule, mais ce n'est pas ma faute si j'ai du caractère !
Ce que j'adore : les fringues à la mode, la glace à la noisette, cuisiner de bons petits plats, l'équitation et la danse.
Ce qui m'exaspère : les jérémiades, les vacances trop courtes, les adultes qui ne me prennent pas au sérieux.
Ma devise : « Soyons zen, mais fermes ! »

Nom : Théo – rusé comme un tigre
Mes qualités : je suis un mordu d'informatique et de technologie. Je prends un grand plaisir à inventer des engins télécommandés.
Mon plus gros défaut : là où je me trouve, c'est toujours le désordre !
Ce que j'adore : les hamburgers, ma super-tablette numérique dont j'ai décuplé les capacités, ma sacoche remplie de gadgets.
Ce qui m'exaspère : les disputes, Chloé lorsqu'elle joue les donneuses de leçons (mais ne le lui dites pas !). Et je ne supporte pas qu'on range ma chambre.
Ma devise : « Persévérer jusqu'à ce que ça marche ! »

Théo

Mes notes d'enquête

Chapitre 1

Quelque chose qui cloche

Lorsque Chloé, Théo et Alexandre, les trois membres du Club des tigres, descendirent de l'imposante berline noire, le vent brûlant du désert leur souffla au visage. Durant le long trajet effectué depuis l'aéroport, ils avaient voyagé au frais grâce à la climatisation ; le contraste avec la température extérieure leur sembla d'autant plus saisissant.

Ahmed, le chauffeur tout de blanc vêtu, désigna un trou immense creusé dans le sable et entouré de dunes.

— Mister Théo, votre oncle se trouve là, tout au fond. Il vous attend !

— Parfait. Allons-y ! répondit le Tigre en enfilant son sac à dos.

Chloé et Alexandre attrapèrent, eux aussi, leurs bagages et suivirent leur ami au bord du grand cratère. Après avoir risqué un œil au fond, ils émirent un sifflement de stupéfaction.

Devant eux s'étendait une sorte de vallée artificielle dans laquelle se dressait une pyramide d'au moins trente mètres de hauteur.

Quelques semaines auparavant, elle était encore totalement ensevelie sous le sable du désert, mais l'oncle de Théo, le professeur Hippolyte Carter, l'avait découverte puis désensablée avec l'aide de plusieurs centaines de personnes. Carter était égyptologue et espérait y trouver des œuvres d'art de valeur.

— Au fait, à quoi ressemble ton oncle ? s'enquit Chloé.

Théo ne l'avait plus croisé depuis fort longtemps. Il réfléchit quelques secondes.

— Il me semble qu'il a des cheveux noirs et une barbe, mais je n'en suis pas vraiment sûr. En tout cas, il porte toujours deux paires de lunettes : une sur le nez, l'autre sur le front.

Un silence absolu régnait tout autour de la pyramide.

Quant aux tentes qui tenaient lieu d'abri au professeur Carter et à ses collaborateurs, elles semblaient pour l'instant inoccupées.

— Ils doivent tous être à l'intérieur du monument, supposa Chloé.

Les trois amis entreprirent de descendre la pente glissante afin de se rendre au campement aménagé juste à côté du chantier. Après s'être délestés de leurs sacs à dos, ils se dirigèrent vers l'excavation que les chercheurs avaient de toute évidence creusée dans la paroi et qui tenait lieu d'entrée. Une fois au sein[1] de l'édifice antique, ils entendirent un grondement sourd faisant penser à un son d'orgue, tandis qu'une odeur sucrée leur chatouilla les narines.

Tout à coup, un grattement résonna des profondeurs.

— Qu'est-ce que c'est que ça ? demanda Alexandre, que la frayeur saisit comme une main glacée.

Théo prit une large inspiration, rassembla tout son courage et s'écria :

— Oncle Hippo, c'est moi, Théo ! Est-ce que tu es là ?

Quelques secondes s'écoulèrent. Pour toute réponse, des hurlements retentirent soudain. Puis ils virent des gens se presser hors du tunnel. Tels des pantins téléguidés, ils semblaient tous être aveugles et sourds. D'un pas raide et en suffoquant, ils passèrent devant les Tigres pour aller s'écrouler dans le sable brûlant.

— Que… que leur est-il arrivé ? questionna Théo, épouvanté.

Il sortit son appareil photo numérique de sa poche et prit quelques clichés de tous ces malheureux qui gisaient inanimés sur le sol.

— Où est mon oncle ? s'exclama-t-il en le cherchant partout du regard.

1. au sein : à l'intérieur.

Question

Où est l'oncle de Théo ?

On le reconnaît sur la gauche avec ses deux paires de lunettes.

Chapitre 2

Qu'est-il arrivé dans la pyramide ?

Théo se précipita vers son oncle, s'agenouilla à ses côtés et lui demanda avec effroi :

— Oncle Hippo, que s'est-il passé ?

Le savant resta muet, se contentant de fixer le ciel en écarquillant les yeux.

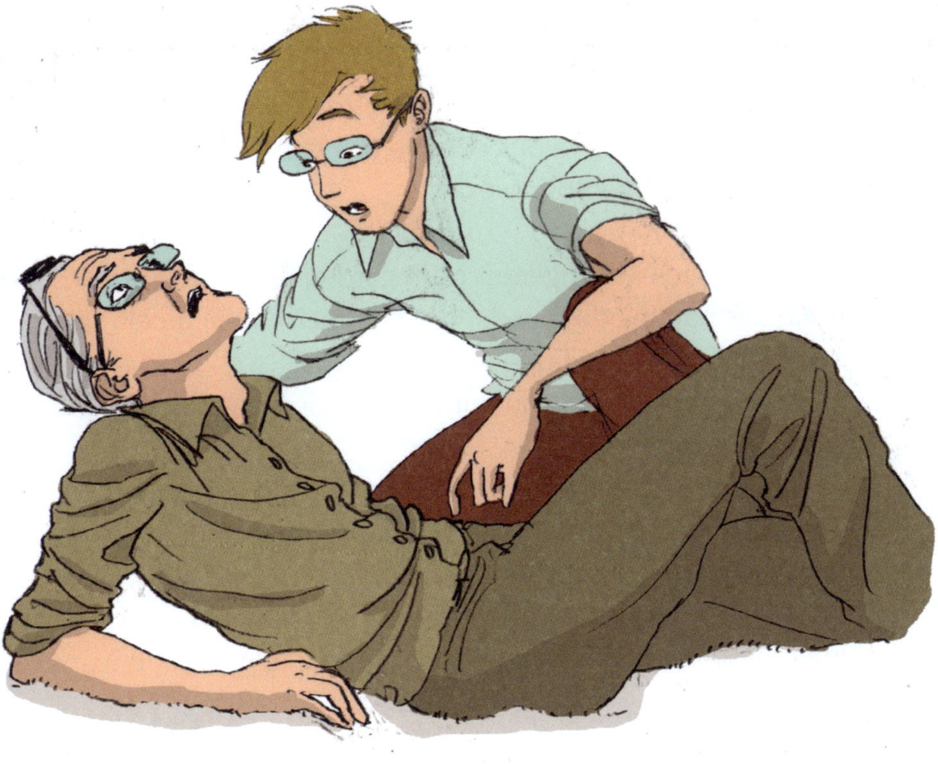

Puis, très lentement, ses lèvres remuèrent, articulant faiblement :

— Amamun ! Amamun ! Sa malédiction… Sa malédiction !

Chloé haussa les sourcils.

— Qui est Amamun ? interrogea-t-elle, perplexe.

Théo sortit de sa poche une tablette numérique, et, avec un stylet en plastique, écrivit le nom *Amamun* sur l'écran tactile. L'explication apparut quelques secondes plus tard :

Amamun, pharaon égyptien qui régna voici 3 000 ans. Il aurait détenu des pouvoirs magiques et jetait des mauvais sorts à ses ennemis, leur prédisant des catastrophes qui finissaient toutes par arriver.

Ainsi, une armée adverse fut anéantie par une nuée de sauterelles. Un traître fut attaqué par sept cobras dans son sommeil. Et des voleurs s'étant introduits dans le palais du pharaon furent tous frappés d'une mystérieuse maladie ; ils se mirent d'abord à se mouvoir, raides comme des pantins de bois, puis moururent peu de temps après.

Les trois Tigres échangèrent un regard épouvanté. « Raides comme des pantins de bois ? » C'était précisément à cela que ressemblaient l'oncle Hippo et ses collègues !

— Et… et maintenant, on fait quoi ? murmura Chloé d'une voix enrouée.

— Si ça se trouve, tout ça c'est du pipeau, avança Théo. J'ai lu, quelque part, que l'atmosphère entourant les vieilles tombes était souvent irrespirable à cause de minuscules champignons, invisibles à l'œil nu. Allez savoir : peut-être est-ce ce même phénomène qui s'est produit dans cette pyramide ?…

— Quoi qu'il en soit, nous devons aller chercher de l'aide, trancha Alexandre pour mettre un terme à ces conjectures[1].

Il sortit son téléphone portable de son sac à dos. Hélas ! en plein désert, il n'y avait pas de réseau. Que faire ?

Dans la plus grande tente du campement faisant office de bureau de chantier, les Tigres découvrirent un téléphone ainsi qu'un annuaire.

Après avoir trouvé le numéro d'un médecin, ils prièrent ce dernier de venir les rejoindre au plus vite. Pourvu qu'il puisse secourir ces malheureux, toujours allongés sur le sable et peinant à respirer !

À l'aide de quelques panneaux éparpillés sur le sol, les trois amis improvisèrent un auvent qu'ils dressèrent ensuite au-dessus des victimes afin de les protéger du soleil.

Dans l'immédiat, il n'y avait pas grand-chose d'autre à entreprendre.

— Nous devons pénétrer à l'intérieur de la pyramide, expliqua Théo.

Alexandre et Chloé acquiescèrent[2], un peu hésitants. Par mesure de sécurité, ils recouvrirent leur bouche et leur nez d'un mouchoir humide afin de se prémunir des dangereux champignons, au cas où ceux-ci auraient vraiment existé.

Au sein du bâtiment antique, le silence se faisait oppressant. Les sons d'orgue s'étaient tus.

Devant eux s'élevait un escalier plutôt raide où, toutes les cinq marches, une lampe à pétrole éclairait la voie d'une lueur faible.

---

1. conjectures : suppositions.
2. acquiescèrent : approuvèrent.

Lentement et d'un pas hésitant, les trois Tigres se risquèrent à gravir les marches qui n'en finissaient plus de monter. De plus en plus fébriles, ils avaient hâte de découvrir ce qui les attendait au sommet.

Ils finirent par déboucher sur une pièce exiguë[1] et basse de plafond, dont les murs étaient, çà et là, percés de niches profondes. Alexandre, Théo et Chloé allumèrent leur lampe torche pour les éclairer.

— Wouah ! s'exclama Alexandre à la vue des statuettes grisâtres et poussiéreuses qui se trouvaient à l'intérieur. Ma parole, mais ce sont des… momies !

— Des momies d'animaux, corrigea Théo. Cela dit, il n'en reste pas grand-chose. Vous voyez ces fourmis blanches ? Elles les ont toutes dévorées et n'ont laissé que les bandelettes en lin.

— J'ignorais que les Égyptiens faisaient aussi embaumer[2] leurs animaux, marmonna Chloé.

— Oh, si ! Ils étaient censés accompagner le pharaon au royaume des morts pour le protéger et lui porter chance, expliqua Théo.

— Et de quels genres d'animaux s'agissait-il ? s'enquit Chloé.

---

1. exiguë : très petite.
2. embaumer : remplir un cadavre de certaines substances pour le conserver.

Question

Peux-tu identifier ces animaux ?

Mes notes d'enquête

Chapitre 3

La momie se réveille !

L'équipe des Tigres s'empressa de quitter la chambre funéraire[1] aux momies d'animaux pour s'engouffrer dans un couloir étroit, lequel débouchait sur une petite salle qui ne menait nulle part. Ils se trouvaient dans un cul-de-sac.

Chloé décocha un coup de coude aux garçons et leur désigna un sarcophage en pierre ocre placé au beau milieu de la pièce.

— Je parie qu'il renferme la momie du pharaon, chuchota-t-elle.

1. **funéraire :** mortuaire.

Théo regarda autour de lui. En principe, les Égyptiens de l'Antiquité avaient pour habitude de placer toutes sortes de trésors dans la tombe de leur pharaon. Où étaient-ils, ces trésors ? Hormis les nombreux dessins qui ornaient les murs, la salle était absolument vide.

Théo sortit prestement son appareil photo de sa sacoche et prit quelques clichés.

— Vite, partons d'ici ! lança-t-il à ses camarades, conscient que l'odeur douceâtre qui planait dans l'air commençait à lui embrumer le cerveau.

Malgré les mouchoirs humides à travers lesquels ils respiraient, les trois amis ressentirent une soudaine fatigue et leurs pensées devenaient de plus en plus confuses.

Juste au moment où ils s'apprêtaient à rebrousser chemin, un étrange grincement se fit alors entendre derrière eux. Pris de frayeur, ils se figèrent et avalèrent leur salive. Le grincement se fit plus insistant. Chloé, Théo et Alexandre retinrent leur souffle. Ils se mirent à transpirer abondamment, et leur cœur battait à tout rompre.

— Un, deux, trois, compta Chloé à voix basse, après quoi tous les trois se retournèrent en même temps.

Ce qu'ils virent alors leur procura un frisson d'épouvante.

Une main grise, enveloppée de bandelettes, surgit du sarcophage et, dans un crissement sonore, en repoussa le lourd couvercle sur le côté.

Les Tigres voulurent prendre la fuite, mais leurs jambes semblaient subitement peser une tonne, comme scotchées au sol.

Un nuage de fumée jaunâtre s'échappa du cercueil en pierre, et à nouveau retentirent les sons d'orgue qu'ils avaient déjà entendus à leur arrivée.

Entre-temps, la seconde main de la momie avait surgi, agrippant le bord du sarcophage, puis ce fut le corps entier qui lentement se redressa.

Le pharaon, pourtant décédé depuis plus de trois mille ans, s'était réanimé !

Les trois amis fixèrent la momie avec stupeur. À présent, elle se tenait debout dans sa tombe, sa tête bizarrement formée tournée vers eux.

En lieu et place des yeux, deux points jaunes s'allumèrent dans une sorte de grésillement[1].

---

1. grésillement : petits bruits secs.

Puis, très lentement, la momie commença à parler d'une voix d'outre-tombe Les paroles qu'elle prononça étaient inintelligibles[1] : on aurait dit une langue étrange et très ancienne.

Tout à coup, elle leva les bras et tendit les mains vers les Tigres, comme pour les repousser loin d'elle, et poussa au même moment un cri grave et rauque qui leur glaça le sang.

Les trois amis sursautèrent d'effroi. Brutalement tirés de leur torpeur, ils s'élancèrent hors de la chambre funéraire pour traverser le couloir au pas de course, puis ils dévalèrent l'escalier avant de se retrouver, titubants[2], à l'air libre.

Hors d'haleine, ils s'affalèrent sur une grosse pierre.

— Je... je viens de vivre les minutes les plus horribles de ma vie ! gémit Alexandre. Puis, jetant un œil à sa montre, il hocha la tête, abasourdi. Je veux dire... les heures ! D'après ma montre, il s'en est écoulé trois depuis notre entrée dans la pyramide !

Chloé et Théo constatèrent avec étonnement que leurs montres à eux disaient la même chose.

— Bon sang ! j'ai vraiment l'impression d'être dans un film d'horreur, dit Théo. J'aurais pourtant juré que nous n'avons pas passé plus de dix minutes à l'intérieur.

— La momie nous a peut-être... ensorcelés. Peut-être s'est-il réellement écoulé trois heures ? ajouta Chloé d'un air pensif.

---

1. inintelligibles : incompréhensibles.
2. titubants : vacillants.

Question

Combien de temps les Tigres sont-ils restés à l'intérieur de la pyramide : dix minutes ou trois heures ?

Mes notes d'enquête

Chapitre 4

L'avertissement

Entre-temps, le médecin était arrivé sur le site et examinait l'oncle de Théo, ainsi que ses collègues. Tous étaient progressivement revenus à eux, mais ils étaient encore très pâles et affaiblis. Quelque chose de terrible avait dû avoir lieu dans la pyramide ; pourtant personne ne se souvenait de quoi que ce soit.

— Vous... vous allez sans doute me prendre pour un fou, mais je crois... je crois que le pharaon s'est réveillé, souffla l'oncle de Théo aux Tigres.

— Non, tu n'es absolument pas fou, puisque, nous aussi, de nos propres yeux, avons vu la même chose que toi, lui répondit son neveu.

— Comment ça ? Vous êtes entrés dans la pyramide ? s'indigna le professeur, subitement fou de rage.

— Oui, nous y sommes allés seuls, puisqu'il n'y avait pas moyen de te parler, lui expliqua Théo.

Un homme mince, dont Chloé pensa qu'avec ses boucles blondes il ressemblait à un ange, accourut vers l'égyptologue. Avant même d'ouvrir la bouche, il dut avaler plusieurs fois sa salive en agitant les bras dans tous les sens.

— Il faut absolument interdire l'accès de la pyramide, s'écria-t-il. Plus personne ne doit y pénétrer. Je... je vous avais pourtant prévenus ! Pourquoi n'avez-vous pas tenu compte de la mise en garde de la chambre funéraire ?

Hippolyte Carter eut l'air embarrassé.

— Vous avez raison, docteur Sullman. En me comportant de manière irresponsable, j'ai exposé toute mon équipe à un grand danger.

L'homme blond hocha vigoureusement la tête, si bien que ses boucles se mirent à virevolter.

— Interdisez l'accès de la pyramide, professeur ! Nul ne doit plus y entrer désormais !

— Je suis d'accord avec vous. Je vais immédiatement interrompre les fouilles, poursuivit le savant. Je n'aurais jamais dû exhumer cet édifice !

— Le pharaon Amamun exerce toujours un pouvoir considérable, dit le docteur Sullman d'un ton mystérieux.

— Théo, je suis désolé, mais vous allez devoir reprendre l'avion dès demain. Vous ne pouvez pas rester dans un endroit aussi dangereux, trancha le professeur.

S'adressant ensuite à son équipe, il poursuivit :

— D'ailleurs, nous allons tous faire nos valises.

Là-dessus, lui et son collègue Sullman se dirigèrent vers le seuil du monument pour en barrer l'accès à l'aide de lourdes planches.

Les Tigres étaient fort dépités[1]. Ils s'étaient fait une telle joie de cette semaine en Égypte !

Un membre de l'équipe leur attribua une petite tente dans laquelle ils purent s'installer à titre provisoire.

— À quelle mise en garde dans la chambre funéraire le docteur Sullman faisait-il allusion ? demanda Chloé, tandis que ses amis sortaient les duvets de leurs sacs à dos pour les dérouler sur le sol.

Théo haussa les épaules. Puis il repensa aux photos qu'il avait prises à l'intérieur de la pyramide. Les Tigres décidèrent de s'enfermer dans leur tente pour les visionner au calme, sans être dérangés.

Sur l'une d'elles, ils distinguèrent les nombreux hiéroglyphes qui ornaient les murs de la chambre funéraire.

— L'écriture des Égyptiens de l'Antiquité est constituée d'idéogrammes. Chaque symbole correspond à un mot, expliqua Théo.

Puis il interrogea son ordinateur de poche qui, par chance, possédait une application de traduction dans toutes sortes de langues, y compris l'égyptien ancien.

---

1. dépités : déçus.

Aussitôt, les trois amis s'attelèrent à traduire le sinistre avertissement du pharaon.

celui qui
par
des serpents
mon
tombe
poursuivi
le malheur
bateau
plante
dans
repos
dérange
et
mourra
Nil
ibis
chat
sera
des crocodiles

Question

Quelle est la mise en garde du pharaon ?

Chapitre 5

Pourquoi cette malédiction ?

Pour Théo, ce qui avait motivé cette inscription du pharaon sur le mur de la chambre funéraire était clair.

— Il voulait faire peur aux pilleurs de tombes, expliqua-t-il à ses amis. Mais ça ne les a apparemment pas dissuadés, puisque la chambre a été pillée malgré tout, jusqu'au sarcophage.

Alexandre prit un air pensif.

— Je ne suis pas particulièrement téméraire[1], dit-il. D'ailleurs, j'avoue que, tout à l'heure, je n'en menais pas large. Et pourtant, je reste convaincu que ce pharaon, décédé depuis belle lurette[2], n'a rien à voir avec tout ça. Je suis prêt à parier qu'il y a quelque chose d'autre derrière.

Chloé et Théo lancèrent à leur ami un regard interrogateur.

— Ah bon, et quoi donc ? demandèrent-ils en même temps.

Surmontant sa peur, Alexandre leur fit alors la proposition suivante :

— Et si, cette nuit, nous retournions encore une fois dans la pyramide pour y vérifier un certain nombre de détails ? Peut-être trouverions-nous une réponse ?

Chloé et Théo se montrèrent d'abord hésitants, puis finirent par accepter.

Le soir même, lors du dîner au campement, les Tigres firent la connaissance de « La Trompe », l'unique femme de l'équipe de chercheurs, ainsi surnommée à cause de son nez particulièrement proéminent.

Elle ne semblait pourtant pas en être affectée, bien au contraire, et se présenta aux Tigres sous le nom d'« Amanda Raster, dite La Trompe ».

— D'ailleurs, Cléopâtre avait un grand nez et de petits pieds, comme moi ! ajouta-t-elle en souriant. Et le fait que ces messieurs les savants chaussent tous du 45 fillette ne les rend pas plus intelligents que moi !

---

1. **téméraire :** courageux jusqu'à l'imprudence.
2. **depuis belle lurette :** depuis longtemps.

Chloé lui rendit son sourire, trop heureuse, car elle aussi avait de petits pieds.

— Est-ce que le vieux a réellement l'intention de renvoyer toute notre équipe dans ses pénates[1] ? demanda La Trompe aux Tigres.

— Oui, et nous avec, se lamenta Théo.

— Il débloque complètement ! commenta la chercheuse.

— C'est mon oncle, précisa Théo à voix basse.

— Peut-être, mais il n'en débloque pas moins, insista Amanda.

— Et que pensez-vous de cette histoire de mauvais sort ? s'enquit Chloé.

Amanda Raster haussa les épaules.

— Les pyramides ne m'ont jamais mise mal à l'aise. En revanche, j'estime que nous devrions vraiment éviter de toucher à ces trésors des vieux Égyptiens…

1. **renvoyer […] dans ses pénates :** renvoyer chez soi.

Il était minuit passé lorsque la tablette numérique de Théo le tira du sommeil en lui signalant un message.

Après avoir secoué ses camarades pour les réveiller, tous les trois s'extirpèrent hors de la tente. La nuit était froide ; ils frissonnèrent.

Le campement était calme et silencieux. Tout le monde semblait être profondément endormi.

Les Tigres n'eurent aucune difficulté à ranger de côté les planches que le professeur Carter avait clouées devant l'entrée de la pyramide pour en barrer l'accès.

Puis ils prirent une profonde inspiration et se faufilèrent dans le corridor obscur.

Par sécurité, ils avaient à nouveau recouvert leur bouche et leur nez d'un mouchoir humide afin de se prémunir contre les minuscules particules de poussière, micro-champignons et autres dangereuses bactéries.

Tout en gravissant l'escalier long et raide, ils passèrent soigneusement les murs en revue[1] à l'aide de leur lampe torche.

Finalement, ils arrivèrent dans la pièce aux niches murales remplies de momies d'animaux et les examinèrent avec attention.

— J'ai découvert quelque chose ! s'écria soudain Théo. Quelque chose de très suspect !

1. passèrent [...] en revue : examiner en détail.

Question

Que vient de découvrir Théo ?

Chapitre 6

Toujours plus de découvertes

Avec d'infinies précautions, Théo sortit les deux coffrets de leur cachette de manière à ne pas avoir à toucher aux momies d'animaux. Ces paquets puants le dégoûtaient un peu.

Curieux, Alexandre s'approcha.

— Qu'est-ce que c'est que ça ? demanda-t-il.

Théo lui-même n'en avait encore aucune idée ; il commença à les déballer soigneusement et découvrit, sous les bandelettes de tissu, deux appareils électroniques d'aspect sophistiqué. Ils étaient chacun muni d'une petite lampe de contrôle allumée, signalant qu'ils étaient sous tension.

— Penses-tu qu'ils aient été posés là par ton oncle ? s'enquit Chloé.

— Non, certainement pas, répliqua Théo qui, par ailleurs, ignorait totalement à quoi ces appareils pouvaient bien servir.

Mais, tandis qu'il examinait les deux coffrets, son regard se posa sur sa montre. Abasourdi, il constata alors que les aiguilles tournaient à toute vitesse !

— Ces appareils doivent être équipés d'aimants très puissants qui accélèrent le mouvement de rotation des aiguilles de montre, supposa-t-il.

— Je doute que ce soit le pharaon qui les ait installés, ironisa Chloé.

— Puisque nous sommes ici, profitons-en pour aller voir le sarcophage, suggéra Théo.

Les genoux flageolants, les Tigres se dirigèrent vers la chambre funéraire suivante. Le couvercle du cercueil de pierre était toujours repoussé de côté.

— Je… je préfère ne pas regarder à l'intérieur, murmura Chloé.

— Moi non plus, dit Alexandre.

— Parce que vous croyez que j'aurai le courage de m'approcher de ce truc tout seul ? râla Théo.

Comme ils se tenaient là, s'efforçant de surmonter leur peur, quelque chose attira l'attention de Chloé.

— Tiens, on dirait que l'odeur bizarre d'hier a disparu, fit-elle remarquer en abaissant le mouchoir de son visage.

Ses camarades suivirent son exemple et constatèrent qu'elle disait vrai.

— Et maintenant, allons voir tous ensemble le sarcophage, proposa courageusement Théo. À trois, ce sera plus facile. D'accord ?

Chloé et Alexandre acquiescèrent. Ils se prirent par la main et s'approchèrent prudemment du coffre en pierre. Puis, après avoir échangé un bref regard, ils dirigèrent leur lampe torche à l'intérieur.

— Non, mais je rêve ! s'écria l'adolescente, stupéfaite.

La momie avait disparu. À sa place, ils virent un magnétophone[1] posé au fond du cercueil, ainsi qu'un objet noir qui ressemblait à un pot à lait percé de trous.

1. **magnétophone :** appareil permettant d'enregistrer et de reproduire des sons.

— On dirait un fumigateur[1] qu'utilisent les apiculteurs pour tenir les abeilles à distance, fit remarquer Théo. C'est probablement cet objet qui, cet après-midi, a propagé le gaz jaune depuis le sarcophage. Quant aux sons étranges, ils provenaient sans doute du magnétophone.

— Cela expliquerait, en effet, un certain nombre de choses, dit Chloé. Quelqu'un s'est déguisé en momie pour ensuite se cacher dans le cercueil. Et lorsque celui-ci a été ouvert, l'inconnu a diffusé ces sons étranges, ainsi que la fumée.

— Il a dû faire brûler une herbe quelconque aux pouvoirs paralysants, ajouta Théo. Si nous n'en avons pas tellement été victimes, c'est grâce aux mouchoirs qui nous protégeaient le visage.

Chloé secoua soudain la tête.

— Non, je crois que nous faisons erreur. Cette pièce est forcément inoffensive ; sinon, le type déguisé en momie aurait dû lui aussi être asphyxié par la fumée.

Alexandre ferma les yeux pour mieux se souvenir de la momie. À présent, il savait à quoi était due la forme étrange de sa tête.

1. fumigateur : appareil servant à diffuser de la vapeur ou de la fumée.

Question

Et toi, saurais-tu expliquer pourquoi la tête de la momie avait une forme bizarre ?

Chapitre 7

L'enlèvement

— Tout ceci était bel et bien de la mise en scène, murmura Théo. Mais je ne comprends toujours pas pourquoi ils ont inventé cette histoire de malédiction puisque la pyramide ne renferme plus aucun trésor. Le sarcophage lui-même était sans doute vide.

— Hé, regardez ! s'écria Chloé en pointant un doigt vers le coffre en pierre. Il y a pourtant quelque chose, là !

Elle désignait deux cailloux de forme identique.

Recouvrant un peu de courage, Alexandre bondit dans le cercueil et les ramassa. Leur ornementation indiquait qu'ils devaient être très anciens.

— Un jouet du pharaon ? s'interrogea Théo en souriant.

Les Tigres décidèrent d'emporter les pierres avec eux, et ce dernier les fourra dans la poche avant de son sac.

Juste derrière eux, en provenance du corridor, un grincement ténu[1] se fit alors entendre.

Paniqués, les trois amis s'agitèrent dans tous les sens en poussant des hauts cris.

La momie était de retour. Elle se tenait là, à quelques mètres, et levait les bras d'un air menaçant.

---

1. ténu : très faible.

— Allez, attrapons ce type ! lança Alexandre qu'une momie indiscutablement vivante n'effrayait plus du tout.

Il se précipita aux trousses de la silhouette emmaillotée de bandelettes ; ses compagnons lui emboîtèrent le pas.

Consciente du danger, la momie prit la fuite. Après une course-poursuite effrénée dans la pyramide, les Tigres regagnèrent finalement la sortie.

D'un bond, la silhouette encagoulée s'élança à l'air libre. Lorsqu'ils la suivirent dans la nuit, elle s'était déjà volatilisée dans l'obscurité.

— Vite ! elle ne doit pas être bien loin, dit Alexandre, hors d'haleine.

Les Tigres reprirent leur course, mais ne tardèrent pas à s'essouffler.

Soudain, tout se mit à valser. Une odeur âcre leur monta aux narines et un rideau noir leur boucha subitement la vue. Ils s'écroulèrent tous les trois sur le sol, inanimés.

Lorsque Théo revint à lui, le soleil était déjà haut dans le ciel. Affligé d'une migraine[1] épouvantable, il eut un mal fou à ouvrir les yeux. La lumière du soleil le transperçait telle une lame de couteau.

Il se redressa en gémissant et essaya d'identifier les lieux.

Était-ce possible ? Le garçon eut peine à le croire : ils étaient étendus entre les colonnes d'un antique palais égyptien dont la pierre n'était absolument pas érodée par le temps. L'édifice semblait comme neuf.

Théo se releva avec difficulté et balaya les environs du regard.

1. **migraine :** mal de tête.

Question

Les Tigres sont-ils toujours dans le désert ?

Non. À l'arrière-plan, au milieu, on peut voir des voiliers. Les Tigres se trouvent donc à proximité du Nil.

Chapitre 8

Amamun est vivant !

La découverte de Théo ne l'avança guère. Certes, il savait maintenant qu'ils se trouvaient non loin du Nil. Mais le fleuve s'étendait sur près de six mille kilomètres, traversant l'Égypte de part en part.

Le Tigre secoua ses amis et essaya de les réveiller. Chloé et Alexandre mirent un certain temps à retrouver leurs esprits.

— Où… où sommes-nous ? demanda l'adolescente, tout hébétée[1].

— Dans un palais. L'un de ceux qu'on ne trouvait que dans l'Égypte ancienne, répondit Théo.

Alexandre et Chloé se regardèrent, interloqués. Comment était-ce possible ?

Mais ils n'étaient pas au bout de leurs surprises : deux silhouettes effrayantes s'approchaient d'eux en cliquetant ; elles portaient un pagne constitué de plaques de cuivre étincelantes, ainsi qu'un masque métallique qui recouvrait leur face et leurs épaules et figurait une tête de faucon. Elles tenaient chacune une lance dirigée vers les Tigres, leur enjoignant sans équivoque de les suivre.

Ces derniers n'obéissant pas sur-le-champ, les gardiens pointèrent l'extrémité de la lance contre leur poitrine. Intimidés, les trois amis se levèrent et les suivirent à l'intérieur du palais.

1. **hébétée :** devenue stupide sous l'effet d'un choc.

Ils traversèrent d'abord une vaste cour intérieure, au centre de laquelle se trouvait un bassin rectangulaire rempli de nénuphars et bordé de roseaux de papyrus foisonnants.

Les gardiens à la tête de faucon leur ordonnèrent alors de s'arrêter et de s'allonger, face contre terre. Comme les Tigres renâclaient à leur obéir, ils se montrèrent plus agressifs et leur assénèrent quelques coups violents.

Puis retentirent des sons de trompette et des roulements de tambour, en même temps qu'une chaise à porteur dorée fut déposée à l'autre bout du bassin.

Les jeunes prisonniers, forcés de garder leur figure contre le sol en pierre froid, levèrent pourtant les yeux, de plus en plus stupéfaits.

Les porteurs arboraient également un masque représentant la tête et les épaules d'un chien. Bras croisés, les deux individus se postèrent de chaque côté de la chaise.

Mais plus incroyable encore était le personnage qu'ils venaient de poser à terre. Il s'agissait d'un homme vêtu d'une longue tunique blanche. Son visage était recouvert d'un masque doré de pharaon.

Soudain, l'inconnu se mit à parler d'une voix grave et caverneuse. Les Tigres ne comprirent qu'un seul mot, qu'il répétait en se désignant à chaque fois lui-même : Amamun.

Théo lança à ses camarades un regard interrogateur.

— Est-ce que… est-ce qu'il s'agit vraiment du pharaon ? demanda-t-il dans un souffle. Et moi qui le croyais mort depuis trois mille ans !

Furieux, Amamun se redressa dans son siège et pointa sa crosse marron vers le garçon. Les gardiens faucons s'emparèrent alors de lui et le soulevèrent dans les airs.

Le pharaon agitait les bras d'un air menaçant tout en poussant des cris sauvages. Il finit par ordonner à ses sbires[1] de jeter Théo dans le bassin.

— Non ! Pitié ! Pas ça ! hurla ce dernier.

— Oh, arrête ton cinéma. Un petit bain rafraîchissant ne pourra pas te faire de mal, lui chuchota Chloé.

— Mais tu ne comprends donc pas qu'il a l'intention de me tuer ! s'écria Théo.

1. **sbires :** hommes de main.

Question

Théo exagère-t-il ou est-il vraiment en danger ?

Non, il n'exagère pas. Le bassin grouille de crocodiles.

Mes notes d'enquête

Chapitre 9

Théo est en danger

Chloé et Alexandre prirent enfin conscience du grand danger qu'encourait leur ami. Trois énormes crocodiles émergèrent tout à coup d'entre les roseaux, dardant leurs petits yeux cruels hors de l'eau.

Théo avait lu, quelque part, que les crocodiles du Nil étaient particulièrement agressifs et sournois. Se baigner dans ce fleuve pouvait vous coûter la vie.

Amamun mit sa menace à exécution : il donna l'ordre de jeter le garçon dans le bassin afin que les reptiles n'en fassent qu'une bouchée.

— Non ! s'écria Chloé avant de mordre à la jambe le gardien qui se tenait près d'elle.

Alexandre suivit son exemple.

Les deux hommes masqués poussèrent un hurlement et relâchèrent Théo. Chloé et Alexandre s'apprêtaient à pousser un soupir de soulagement, mais constatèrent soudain que leur ami était en train de perdre l'équilibre. Moulinant des bras tant qu'il pouvait, celui-ci ne parvint pourtant pas à tenir debout et tomba dans le bassin aux crocodiles. Il y eut de grands éclaboussements, puis les puissants reptiles se mirent immédiatement en mouvement, battant de la queue et fonçant droit sur Théo, l'air vorace.

Alexandre bondit sur le gardien, s'empara de sa lance et la fit habilement tournoyer dans les airs. L'homme au masque de faucon ne put faire autrement que de lâcher son arme. D'un coup de pied bien ciblé, Alexandre l'expédia lui aussi dans l'eau.

Ravis de voir arriver cette proie supplémentaire, les crocodiles déviièrent alors leur trajectoire et se jetèrent sur le malheureux gardien, que son masque pesant attirait vers le fond.

— Tiens, agrippe-toi ! cria Alexandre à Théo en lui tendant le manche de la lance. Le nageur s'en saisit aussitôt.

Amamun s'énerva et donna un ordre au second gardien. Mais, avant même que ce dernier pût le mettre à exécution, Chloé s'était déjà emparée de sa jambe afin de la soulever. L'homme poussa un cri et tomba tête la première dans le bassin.

Entre-temps, Alexandre avait réussi à repêcher Théo, complètement sonné, hors de ces eaux si dangereuses.

— Tirons-nous d'ici ! hurla Chloé qui déguerpit en slalomant entre les colonnes.

Les autres lui emboîtèrent le pas. Lorsqu'ils eurent quitté la cour intérieure, ils entendaient toujours les cris du pharaon.

Les Tigres avaient de la chance : les gardiens à tête de faucon devaient d'abord échapper aux crocodiles et se hisser hors du bassin avant de les poursuivre. Cela leur donna quelques longueurs d'avance.

Toutefois, le palais était très tortueux et les nombreuses colonnes empêchaient d'en avoir une vue d'ensemble, si bien que les fugitifs ne tardèrent pas à s'y égarer. Ils n'avaient pas la moindre idée de la manière dont ils allaient pouvoir retrouver le chemin de la sortie.

Sans compter qu'ils entendaient les pas de leurs poursuivants s'approcher. Théo comprit pourquoi ils avaient pu les localiser si rapidement.

— J'ai… j'ai laissé des traces d'eau derrière moi ! se lamentait-il en pointant le sol. C'est ma faute !

— Te bile pas : tu n'y es pour rien. Allez, entrez là-dedans ! souffla Chloé en poussant ses deux amis à l'intérieur d'une petite bâtisse en pierre.

Puis elle referma la porte à double battant, mais prit conscience, horrifiée, qu'elle n'en possédait pas la clé. Les Tigres jetèrent un regard rapide à travers la pièce : hormis quelques tabourets en bois et un lit, elle était complètement vide. Et cette satanée porte impossible à verrouiller ! D'ici quelques secondes, les gardiens allaient entrer et les attraper…

— Vite, il faut trouver une solution ! insista Chloé qui n'entendait pas baisser les bras aussi rapidement. Elle eut soudain une idée !

Question

Quelle est l'idée de Chloé ?

Barricader la porte
avec la lance.

Chapitre 10

Le papier mystérieux

Les vigiles[1] tambourinaient contre la porte en poussant des cris de rage ; les Tigres se gardèrent bien de leur ouvrir. Pour l'instant, ils étaient en sécurité.

— Comment allons-nous faire pour nous échapper ? demanda Théo à ses camarades. À tous les coups, l'un de ces types est en train de monter la garde !

Chloé et Alexandre réalisèrent soudain que cette pièce n'avait pas de fenêtre ni de porte supplémentaire.

Ils étaient faits comme des rats !

— Pas question de perdre courage ! s'écria Chloé à l'intention des garçons.

Lesquels acquiescèrent.

— Vous croyez vraiment que nous avons voyagé dans le temps pour atterrir dans l'ancienne Égypte ? demanda Alexandre en espérant que les deux autres ne se moquent pas de lui.

— Ça semble ridicule, mais on dirait bien que oui, répondit Théo d'un air grave.

— Et pensez-vous que tout ça soit lié à la malédiction du pharaon ? s'enquit Chloé.

Les garçons haussèrent les épaules.

On entendait le cliquetis des lances à travers la porte. Les gardiens étaient toujours là. Il fallait vraiment agir.

1. **vigiles :** personnes chargées de la surveillance de certains lieux.

— Fouillons cette pièce de fond en comble. Nous y découvririons peut-être quelque chose qui nous aidera, trancha l'adolescente.

Elle vit alors un bout de papier brun et épais posé sur l'un des tabourets.

— Hé, regardez ! C'est… c'est dingue ! Du papier ! Est-ce que le papier existait déjà au temps de l'Égypte ancienne ?

Théo interrogea sa tablette, qui lui répondit par l'affirmative.

Le papier, appelé « papyrus » à cette époque, était fabriqué à partir des tiges de ces plantes vertes qu'ils avaient pu voir dans le bassin.

Pensive, Chloé contemplait le dessin sur le papyrus. C'était exactement le même que celui qui figurait sur le mur situé en face du lit.

Penchés sur son épaule, les garçons le détaillèrent également avec curiosité.

— Tiens, il y a une différence entre les deux dessins qui pourra peut-être nous aider, fit remarquer Théo. À mon avis, il ne s'agit pas d'une erreur, mais, au contraire, d'un indice.

Question

Quelle différence Théo pointe-t-il entre les deux dessins ?

L'espèce de baguette plate que l'un des gardiens tient à la main.

Chapitre 11

La dégringolade

Les trois Tigres s'approchèrent prudemment du mur afin d'en examiner la fresque.

— Regardez : la tige n'est pas dessinée. Elle est réelle, dit Théo.

— Et alors, qu'est-ce que ça change ? voulut savoir Chloé.

— Il s'agit peut-être d'un mécanisme donnant accès à un passage secret, réfléchit Théo à voix haute. Après tout, nous nous trouvons manifestement dans la chambre à coucher du pharaon. En cas de danger, il doit pouvoir s'enfuir.

Les garçons agrippèrent la tige et essayèrent de l'actionner vers le bas. Sans succès. Chloé n'y parvint pas davantage.

— Laissez-moi faire encore ! déclara Alexandre.

Il saisit à nouveau le manche à deux mains et sentit qu'il commençait à bouger. Alexandre avait bien la force d'un tigre !

— Super ! le complimenta Chloé.

À l'extérieur, les gardiens perdaient patience. Ils se ruèrent contre la porte. La lance placée en travers commença à fléchir ; elle ne tarderait pas à céder.

Alexandre appuya alors de tout son poids sur le levier qui finit par s'abaisser d'un coup sec. Soudain, le sol s'ouvrit sous les pieds des trois Tigres. Lâchant prise, ils dévalèrent le long d'un passage sous-terrain comme sur un toboggan.

Puis le sol se referma aussitôt. Devant la trappe, il n'y avait plus rien à voir.

Quelques secondes plus tard, les gardiens parvinrent à forcer la porte et s'engouffrèrent dans la pièce qu'ils balayèrent d'un regard circulaire, décontenancés[1]. Comment les fugitifs avaient-ils réussi à leur échapper ?

Pendant ce temps-là, ces derniers cavalaient dans le souterrain sinueux et bas de plafond.

Ils finirent par trouver la sortie, laquelle débouchait directement sur les rives du Nil. Il n'y avait pas âme qui vive à l'horizon.

---

1. **décontenancés :** déconcertés, étonnés.

Lorsqu'ils se retournèrent pour jeter un œil sur le palais, une autre surprise les attendait : l'immense édifice avait disparu ! Épuisés, ils s'affalèrent dans l'herbe sèche.

— Bon sang, j'ai une de ces dalles ! J'ai l'impression d'avoir un trou dans l'estomac, gémit Alexandre.

Ses deux amis étaient tout aussi affamés. Ils n'avaient plus rien mangé depuis la veille au soir.

Théo scruta les environs. Il vit trois arbres auxquels étaient suspendus des fruits verts en forme de goutte.

— Hé, des figues ! s'écria-t-il. Exactement ce qu'il nous faut !

— Tu es sûr ? demanda Chloé, méfiante. Si ça se trouve, ces fruits ne sont pas comestibles…

Théo n'était plus sûr de rien. Sauf d'une chose : c'est qu'il avait faim.

— Je crois savoir comment en avoir le cœur net, dit-il soudain.

Question

Comment Théo compte-t-il s'y prendre pour savoir si ces fruits sont comestibles ?

En observant les babouins.

Chapitre 12

Totale confusion

Après s'être rassasiés de fruits frais, les Tigres réfléchirent à la suite des événements.

— Si vraiment nous sommes à l'époque des pharaons, alors j'aimerais savoir comment revenir au XXIe siècle, dit Chloé.

Hélas ! ni Théo ni Alexandre ne savaient comment répondre à cette question.

— Explorons les environs, suggéra le premier. Peut-être trouverons-nous un indice qui nous fera avancer ?

Ils longèrent la berge du large fleuve tout en restant cachés derrière des rochers. Mieux valait demeurer prudent : les horribles gardiens faucons et hommes chiens étaient peut-être à nouveau à leurs trousses. Mais, jusque-là, il n'y avait personne en vue : la voie était libre.

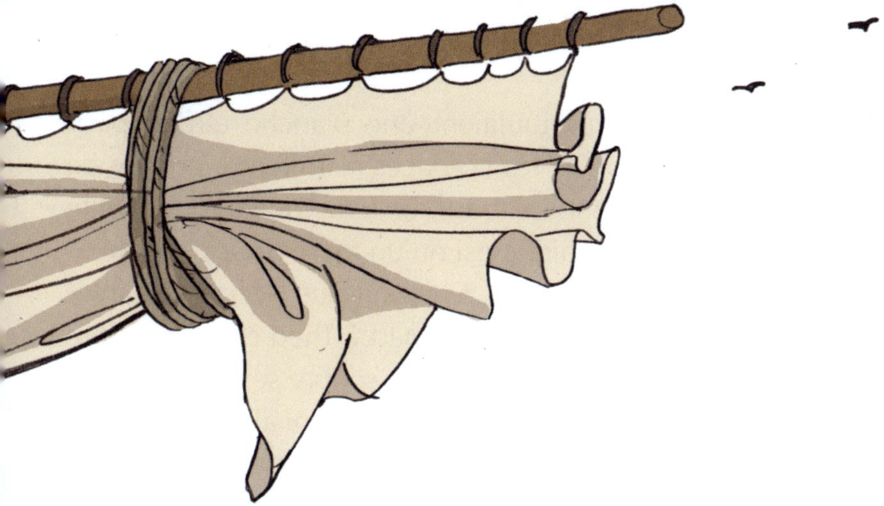

Après qu'ils eurent parcouru environ cinq cents mètres, Alexandre émit un sifflement et désigna une vaste baie qui s'étendait devant eux.

— Wouah ! Je me souviens avoir déjà vu ça dans un film sur Cléopâtre, chuchota Théo. C'est le bateau d'un roi égyptien. Beaucoup d'objets qui se trouvaient à bord étaient, paraît-il, en or massif.

Interloqués[1], les trois Tigres contemplèrent la splendide embarcation ornée de dessins qui semblait abandonnée sur les eaux calmes du Nil. Durant l'Antiquité, une cinquantaine d'esclaves devaient ramer pour la faire avancer.

Sur le pont, Alexandre aperçut aussi un grand tambour qui servait à impulser la cadence aux rameurs. Au-dessus était posé un long fouet de cuir.

— Il semble n'y avoir personne à bord. On va pouvoir aller voir ça de plus près, dit Chloé.

Ils s'approchèrent, et Théo prit plusieurs clichés du somptueux bateau.

1. Interloqués : très étonnés.

Tandis que les Tigres foulaient une planche étroite pour gagner le pont, le bois et les cordages se mirent à grincer de manière lugubre. Une fois à bord, ils remarquèrent une voile jaune repliée dans un coin, ainsi qu'un trône massif et doré.

En y regardant de plus près, Chloé fit une découverte intéressante. Elle s'apprêtait à en faire part à Théo et à Alexandre lorsque, soudain, un craquement plus sonore se fit entendre.

Plusieurs gardiens à tête de faucon surgirent alors de la cale ; ils fondirent sur les Tigres et, d'une poigne de fer, les immobilisèrent. L'instant d'après, les trois amis eurent comme un voile noir devant les yeux.

Lorsque Alexandre revint à lui, il était toujours plongé dans l'obscurité. Parcouru de frissons, il se redressa en gémissant. Sous son crâne, ça bourdonnait sec, et un vent glacial lui soufflait au visage. Durant quelques secondes, il se demanda pourtant s'il était en plein cauchemar ou réveillé.

— Non, je ne dors pas, murmura-t-il en voyant la voûte étoilée au-dessus de lui. Où était-il ? Et où donc étaient passés Chloé et Théo ?

Alexandre risqua un œil autour de lui et aperçut, dans la lueur blême de la Lune, le campement, ainsi que la pyramide, points de départ de leur aventure. Puis il vit les deux autres Tigres. Il s'ébroua pour se réveiller et rampa jusqu'à eux.

— Nous… nous voilà revenus à notre époque ! s'écria-t-il, surexcité.

— Comment ça ? bougonna Théo, décontenancé.

Il renifla ses vêtements qui exhalaient une étrange odeur d'hôpital. Soudain, il comprit.

— Est-ce que tout ça n'était qu'un rêve ? demanda Chloé, stupéfaite.

— Non, mais nous avons perdu connaissance. Quelqu'un nous a endormis. Probablement avec du chloroforme[1] ou de l'éther, expliqua Théo.

Très assoiffés, ils se rendirent à la cuisine du campement et y vidèrent chacun une bouteille d'eau. Ensuite, ils regagnèrent leur tente ; encore un peu groggy de leur anesthésie, ils avaient besoin de se reposer.

Juste avant de se glisser dans son sac de couchage, Théo vérifia le contenu de sa sacoche spéciale. Elle avait beau s'ouvrir au moyen d'un code secret connu de lui seul, il voulait malgré tout s'assurer qu'on ne lui avait rien volé.

Attrapant son appareil numérique, il visionna alors les photos qu'il avait prises de la splendide galère.

Lorsque Chloé se pencha au-dessus de son épaule, ce qu'elle avait eu l'intention de dire à ses camarades juste avant qu'ils ne perdent connaissance lui revint soudain à l'esprit.

— Sur le bateau, j'ai vu quelque chose qui n'existait pas il y a trois mille ans, déclara-t-elle.

Théo acquiesça.

— Oui ; moi aussi. J'ai remarqué des objets du XXIe siècle !

---

1. chloroforme : substance liquide utilisée pour endormir des patients avant une opération chirurgicale.

Question

Combien d'objets peux-tu voir qui n'existaient pas à l'époque des pharaons ?

Il y en a six :
un talkie-walkie,
une paire de jumelles,
un revolver, une cannette
de Coca-Cola, des baskets
et un couteau
de poche.

Chapitre 13

Un message mystérieux

— Tout ceci relevait d'une mascarade[1]. Nous avons bien été kidnappés, mais il ne s'agissait en aucun cas d'un voyage dans le passé, constata Alexandre.

— Quelqu'un se fait passer pour le pharaon, conclut Théo.

— Mais alors, pourquoi nous a-t-on endormis et enlevés ? demanda Chloé.

1. mascarade : mise en scène hypocrite et trompeuse.

— Parce que nous avons découvert toute cette mise en scène à l'intérieur de la pyramide, pardi !

— Dans ce cas, pourquoi nous a-t-on ramenés ici ? insista-t-elle.

— Eh bien, parce que… parce que…

Pour une fois, même Théo ne sut quoi répondre.

— Le type déguisé en momie voulait chasser les intrus hors de la pyramide, récapitula Alexandre d'un air songeur. Reste à savoir pourquoi, puisqu'il n'y avait rien à y trouver…

— Peut-être que si, riposta Théo. Les Égyptiens de l'Antiquité construisaient leurs pyramides avec des pièges et des labyrinthes pour empêcher les pilleurs de tombes d'accéder à la chambre mortuaire du pharaon. Après tout, des trésors royaux d'une valeur inestimable y étaient déposés pour accompagner le défunt durant son voyage au royaume des morts.

Tout à coup, un bruit sourd résonna juste au-dessus de leurs têtes. La lame d'un long couteau fendit de part en part le toit de leur tente. Les Tigres poussèrent un cri d'effroi.

— Couchez-vous ! ordonna aussitôt Alexandre.

Tous les trois se jetèrent à plat ventre sur le sol.

Zip ! L'instant d'après, un objet lourd aux bords tranchants tomba à travers la fente et atterrit sur le sol, pile au milieu des trois amis.

Dehors, on entendit des pas s'éloigner à vive allure.

— Venez, poursuivons-le, chuchota Chloé.

— Non, c'est bien trop risqué, objecta Théo.

Lorsqu'ils se redressèrent pour contempler la toile de tente réduite en lambeaux, les Tigres tremblaient de tout leur corps.

— Regardez ! s'écria Alexandre en soulevant une lourde plaque en pierre que l'inconnu venait de jeter dans la tente.

— On dirait un message en vieux égyptien, avança Chloé. Peut-être est-ce la même langue que celle dans laquelle s'est exprimée la momie ?…

Théo interrogea immédiatement son ordinateur.

— Je crois pouvoir le déchiffrer, s'écria subitement Alexandre. La preuve que mon cerveau est loin d'être aussi déficient[1] que certains l'imaginent…

1. **déficient :** défaillant.

Question

Que dit ce message ?

Chapitre 14

Surtout, ne pas baisser les bras !

Plus que jamais, le Club des tigres allait continuer à fouiner à l'intérieur de la pyramide du pharaon ! La menace qu'ils venaient de subir ne laissait plus aucun doute sur le fait qu'il y avait quelque chose à y découvrir.

Les trois amis n'ayant toutefois pas très envie de dormir dans leur tente déchirée, ils allèrent réveiller le professeur Carter. L'oncle de Théo ne se contenait plus de joie de les revoir sains et saufs. Toute la journée, il s'était fait un sang d'encre à leur sujet.

Il écouta le récit des Tigres avec stupeur. Tandis que Chloé, Théo et Alexandre lui rapportaient, à tour de rôle, leurs mésaventures, il s'arrachait les cheveux.

— Mon Dieu, ce que vous me racontez là semble sortir tout droit d'un film d'horreur ! Mais qui peut bien être le mystérieux inconnu à l'origine de cette malédiction ? Le fait qu'il puisse y avoir des trésors au sein de la pyramide nous a obligés à placer les fouilles sous haute surveillance. L'accès à toute personne étrangère à l'équipe est strictement interdit. Douze gardiens armés sont chargés de boucler le chantier. La présence du moindre intrus n'aurait pu leur échapper.

— Mais ils laissent passer vos collaborateurs…, supposa Chloé.

Le savant acquiesça, puis secoua énergiquement la tête.

— Tous les membres de mon équipe sont des gens parfaitement honnêtes. La plupart d'entre eux ont déjà participé à mes chantiers précédents.

— N'empêche que Chloé est sur la bonne piste, insista Théo. Peut-être que quelqu'un s'est immiscé[1] parmi eux pour s'approcher des trésors ; et c'est sûrement la même personne qui a imaginé le coup de la malédiction.

Le professeur Carter eut un geste de dénégation[2].

1. **immiscé :** glissé.
2. **dénégation :** fait de nier.

— Non, impossible. Et d'ailleurs vous n'avez aucune preuve qui confirme vos soupçons.

Théo mordilla sa lèvre inférieure avec nervosité.

— Pas si sûr, dit-il en sortant son appareil numérique de sa sacoche.

Il rechercha la photo qu'il avait prise peu après l'arrivée des Tigres.

— Regarde, oncle Hippo : vous y figurez tous, tes collègues et toi. La malédiction de la momie venait juste de commencer à s'accomplir.

— Et alors ? demanda l'égyptologue, de plus en plus irrité.

Théo ne supportait pas qu'on lui parle durement. Déstabilisé, il préféra se taire.

Question

Que prouve cette photo ?

On y voit le professeur entouré de seulement onze de ses collaborateurs. L'un d'eux est resté dans la pyramide.

Chapitre 15

La clé en pierre

Le lendemain, on recommanda la plus extrême prudence. L'ennemi pouvait être partout. Il ne fallait surtout pas qu'il apprenne que les Tigres continuaient à enquêter.

Durant la pause de midi, les trois amis se rendirent en douce[1] à la pyramide. Avant de s'introduire dans le corridor sombre, ils jetèrent un regard alentour. Étaient-ils observés ? Les avait-on suivis ?

Non, la voie semblait libre. Toute l'équipe était en réunion, discutant avec le professeur de la manière d'appréhender la suite des événements.

Les Tigres se faufilèrent vite fait à l'intérieur de l'immense édifice. Objectif : la chambre du dernier étage dans laquelle se trouvait le sarcophage vide.

Toutes les traces de la malédiction avaient été effacées.

Songeurs, les Tigres contemplèrent les dessins sur les murs.

— Hé, regardez : j'ai découvert un truc !

Alexandre désigna une petite niche dans laquelle était gravé un triangle.

— Savez-vous à quoi me fait penser cette niche ? demanda Chloé. À une machine à café !

---

1. en douce : sans se faire remarquer.

Alexandre s'amusa à appuyer sur le triangle – ce qui déclencha alors quelque chose d'aussi mystérieux qu'inattendu : dans toute la pièce, les immenses blocs de pierre se mirent à grincer et à craquer.

Effrayé, il ôta sa main et les bruits cessèrent aussitôt.

Alexandre toucha à nouveau le triangle, mais cette fois en appuyant un peu moins fort. Encore une fois, le vacarme était tel qu'ils eurent l'impression que le plafond était sur le point de s'écrouler.

Alexandre retira aussitôt ses doigts et lança à Chloé et à Théo un regard interrogateur.

— Ça m'a tout l'air d'être un mécanisme secret, dit Théo, sans pour autant comprendre à quoi il servait.

Les yeux de Chloé se posèrent alors sur une silhouette d'homme à tête de chien dessinée sur le mur. Elle ressemblait en tout point à ces hommes croisés au palais du faux pharaon et tenait à la main une pyramide en miniature. Son regard se portait sur la niche du mur d'en face.

Théo eut soudain une idée. Il sortit de sa poche les deux pierres trouvées dans le sarcophage.

— Peut-être qu'elles sont destinées à la construction d'une nouvelle pyramide. Et peut-être que, lorsqu'on les place au creux de la niche, il se passe quelque chose…

Pour Chloé et Théo, il semblait évident que ces deux pierres n'étaient en aucun cas suffisantes pour construire une pyramide.

— Qu'est-ce que vous faites là ? Si vous ne voulez pas mettre votre vie en danger, je vous conseille de déguerpir !

Une voix excédée[1] retentit soudain derrière eux. Sans qu'ils s'en soient rendu compte, le docteur Sullmann les avait suivis. Avec ses boucles blondes et hirsutes[2], il paraissait très agité. Comme les Tigres tardaient à se mettre en mouvement, il les empoigna et les poussa vers la sortie du monument.

Tandis qu'ils se dirigeaient vers le campement, ils croisèrent La Trompe.

— Ces trois garnements ont pénétré à l'intérieur de la pyramide bien que ce soit formellement interdit ! vitupéra[3] le docteur Sullmann.

Amanda Raster fronça son grand nez et pointa vers eux un doigt menaçant.

— Quelle mauvaise idée ! s'exclama-t-elle d'un ton réprobateur[4].

Elle jugea pourtant la réaction du savant excessive.

1. **excédée :** très énervée.
2. **hirsutes :** mal coiffées.
3. **vitupéra :** critiqua sévèrement.
4. **réprobateur :** qui exprime le reproche.

Les Tigres foncèrent se réfugier sous leur tente afin d'éviter une leçon de morale de la part de l'oncle de Théo. Ils s'apprêtaient à passer leur seconde et dernière nuit en Égypte. Le lendemain matin, un avion les ramènerait chez eux.

Théo contempla les deux pierres d'un air songeur. Il restait convaincu qu'elles pouvaient servir à construire une pyramide. Mais comment ?

Question

À quoi Chloé a-t-elle comparé la niche pratiquée dans le mur ?

Mes notes d'enquête

Chapitre 16

La chambre funéraire secrète

Pas peu fier, Théo montra à Chloé et à Alexandre la mini-pyramide qu'il avait enfin réussi à bricoler.

— Tout compte fait, il s'agit d'un puzzle de seulement deux éléments, dit-il d'un air dégagé.

Les Tigres n'avaient désormais plus qu'une hâte : retourner à la pyramide afin de vérifier si cette astuce fonctionnait aussi dans la chambre funéraire.

— Mais nous devons attendre ce soir, déclara l'adolescente. Si quelqu'un nous surprenait à nouveau, nous risquerions de gros ennuis. Et à plus forte raison si c'est le faux pharaon…

L'après-midi leur sembla interminable. Chloé engloutit toutes ses provisions de barres chocolatées à la noisette. Alexandre se dépensa physiquement en aidant à charger des caisses de matériel dans le camion. Quant à Théo, il nota, dans son mini-ordinateur, toutes les observations qu'il avait encore en mémoire en prenant soin de les écrire en lettres majuscules, puis d'en faire une copie de sauvegarde.

Le soir tomba enfin. Au campement, tout redevint calme.

Un peu avant minuit, les Tigres s'extirpèrent de leur tente pour se rendre à la pyramide. Malgré leurs précautions, ils ne virent pas la silhouette sombre qui, planquée derrière l'une des tentes, les observait à travers des jumelles à vision nocturne.

Lorsqu'ils se trouvèrent dans la chambre funéraire vide, Théo sortit de sa poche la pyramide en miniature, puis désigna la niche murale.

— Grâce à cette astuce, nous serons vite fixés. Quiconque n'applique pas le bon objet sur le triangle sera enseveli sous les pierres. Seuls le poids et la forme de cette mini-pyramide peuvent déclencher quelque chose, et nous allons enfin découvrir ce que c'est !

— Et si le sol s'ouvrait sous nos pieds pour nous précipiter dans la gueule béante[1] de crocodiles affamés ? objecta Chloé.

— Si tu as peur, libre à toi de retourner au campement, répliqua Théo.

Mais, pour la jeune détective, cette option n'était pas envisageable.

1. béante : ouverte.

— Vous êtes prêts ? demanda Théo.

Alexandre et Chloé acquiescèrent.

Très délicatement, Théo plaça alors la petite pyramide sur le triangle gravé dans la pierre. Ses doigts tremblaient lorsqu'il la lâcha. Après un déclic sourd, elle s'emboîta alors dans la cavité.

Aussitôt, les blocs de pierre se mirent à nouveau à grincer et à craquer. Du sable ruissela du plafond, et des nuages de poussière s'élevèrent des rainures des murs.

— Tirons-nous de là : la pièce est sur le point de s'effondrer ! s'écria Chloé.

Portant leurs mains sur leur tête pour se protéger, les Tigres prirent la fuite. Mais, dès qu'ils eurent quitté la chambre funéraire, les grincements cessèrent et furent remplacés par des sons graves et solennels. Un vent frais se mit à souffler dans la salle au sarcophage.

Décontenancés[1], les trois amis jetèrent un œil derrière eux et constatèrent que le cercueil en pierre avait disparu. À sa place, il y avait désormais un grand trou, au fond duquel irradiait une lumière aveuglante.

Intrigués, les Tigres s'en approchèrent pour se pencher au-dessus du bord.

— Ça alors ! s'exclama Chloé.

Théo et Alexandre n'en croyaient pas leurs yeux.

Le sarcophage s'ouvrait sur une pièce immense et pleine de recoins. Elle était construite sur plusieurs niveaux auxquels on accédait par des échelles et des escaliers. Dans d'innombrables niches brûlaient de minuscules lampes à huile qui, grâce à un mécanisme sophistiqué, s'étaient toutes allumées en même temps.

Sur l'un des murs, Théo découvrit une inscription qu'il s'empressa de traduire à ses camarades :

Celui qui saura me trouver devra faire preuve de courage et d'intelligence. Je salue l'hôte avisé qui, poussé par un motif autre que l'avidité, aura réussi à se frayer un chemin jusqu'à moi.

Ma chambre funéraire secrète se trouve tout au bout de ce couloir. Toutefois, le moindre faux pas le précipitera en enfer pour l'éternité !

1. **Décontenancés :** surpris, troublés.

Le visage de Chloé se décomposa.

— Quelle réjouissante perspective ! maugréa-t-elle.

Se penchant un peu plus en avant, Théo tenta de discerner un chemin sûr menant à la chambre funéraire.

Question

Peux-tu trouver le chemin qui conduit à la chambre funéraire ?

Descendre le premier escalier, puis emprunter celui sur la droite, puis l'échelle, puis l'escalier. Enfin, prendre l'escalier à gauche et remonter sur la plateforme.

Mes notes d'enquête

Chapitre 17

Le palais souterrain

Les Tigres avancèrent à tâtons, posant prudemment un pied devant l'autre. À l'aide d'un bâton de craie rouge trouvé au fond de sa poche, tous les dix mètres Théo traça une croix sur le mur afin de ne pas s'égarer sur le chemin du retour.

Lorsque, à un moment, Alexandre emprunta une mauvaise direction, un gros bloc de pierre s'écroula avec fracas dans le vide. L'impact retentit, lugubre, à travers la pièce immense et leur fit froid dans le dos à tous les trois.

Ils redoublèrent alors de prudence et firent particulièrement attention à ne pas se tromper de chemin.

Dix minutes plus tard, ils se trouvaient face à une porte aussi large que basse qui s'ouvrit d'elle-même.

Derrière cette porte, d'innombrables feux s'allumèrent dans autant de coupes, comme par enchantement. Des flammes jaune vif se mirent à vaciller, baignant la pièce d'une lueur spectrale.

Médusés[1], les Tigres en franchirent le seuil.

— Mais c'est un... un véritable palais ! Un palais souterrain ! s'exclama Alexandre.

Ils virent, en effet, de longues galeries à colonnades bordées de chaque côté de statues de gardiens. En y regardant de plus près, les Tigres découvrirent que leurs armes étaient en or massif.

À côté de chars à cheval gravés dans du marbre précieux, ils virent un grand navire avec des rames dorées ainsi qu'un trône richement décoré.

La momie du pharaon ne reposait pas dans un sarcophage, mais se dressait, en position assise, dans une sorte d'armoire en or qui, elle-même, avait la forme d'une momie assise. Son visage était recouvert d'un masque imposant dont les traits étaient ceux d'Amamum. Quant à la parure de tête et à la fausse barbe – signes de sa puissance –, elles étaient constellées de milliers de pierres précieuses.

Devant tant de splendeur, les Tigres restèrent bouche bée[2].

— Quand on lui montrera tout ça, oncle Hippo n'en croira pas ses yeux ! murmura Théo.

Il avait conscience qu'ils venaient de faire une découverte exceptionnelle. Aucun autre pharaon n'avait fait construire un palais sous sa pyramide.

---

1. Médusés : très étonnés.

2. bée : ouverte.

Chloé comprit aussi d'où provenaient les sons étranges et le vent. Avec le temps, les murs de la façade s'étaient lézardés de fissures qui, tels des tuyaux d'orgue, produisaient ces bruits inquiétants.

— Venez ; je… je crois que nous ferions mieux de bouger, suggéra Chloé.

Les garçons étaient d'accord. Eux non plus n'avaient aucune envie de s'éterniser auprès du pharaon mort. En dépit de sa magnificence, l'endroit dégageait quelque chose de sinistre. D'un pas rapide, les Tigres rebroussèrent chemin. Empruntant cette fois un autre itinéraire, ils longèrent une rangée de sphinx à tête de roi et au corps de lion.

Mais ils ne leur prêtèrent aucune attention. Dommage : ils auraient alors remarqué un détail significatif…

Question

Qu'auraient-ils dû remarquer ?

Sur le mur, il y a un profil en ombre chinoise en trop.

Mes notes d'enquête

Chapitre 18

Poursuivis

Lorsque les jeunes détectives eurent regagné la chambre funéraire de l'étage supérieur, Alexandre fit une étrange découverte. Il éclaira le sol : dans la poussière, on distinguait très nettement des empreintes de pas dont les semelles ne correspondaient pas à leurs propres chaussures.

Ils échangèrent un regard horrifié. La couche de poussière venait juste de se déposer après qu'ils eurent ouvert le portail secret. Ces empreintes étaient donc toutes fraîches.

— Quelqu'un a dû nous suivre, chuchota Chloé. Mais qui ?

Théo s'accroupit et examina l'une des traces de plus près. Elle n'était pas très profonde. Il demanda alors à Chloé d'y apposer son pied, et constata que l'empreinte et le pied de Chloé avaient presque la même taille.

— Y a-t-il moyen de savoir à quoi ressemblent les chaussures qui ont laissé ces marques au sol ? demanda Alexandre.

— Peut-être, répondit Théo en entrant une donnée dans sa tablette numérique.

Question

À quel type de chaussure cette empreinte correspond-elle : chaussure de ville ou botte militaire ?

Chapitre 19

Le malfaiteur passe à l'attaque

— Je sais qui nous a suivis ! s'écria Chloé.

— Moi aussi, répondirent ses amis d'une seule voix.

— Vous croyez qu'il s'agit du faux pharaon ? s'enquit l'adolescente.

— Cela semble évident, dit Théo.

— Allons vite trouver le professeur pour le prévenir, s'exclama Alexandre.

Les Tigres se mirent à courir, mais n'allèrent pas bien loin. Quatre silhouettes sombres et masquées les attendaient, tapies en bas de l'escalier. Elles surgirent de l'obscurité et les empoignèrent tous les trois. Chloé et Théo furent chloroformés en moins de quelques secondes, mais Alexandre se débattait comme un beau diable. Il se contorsionnait, distribuant des coups à l'aveugle et réussit finalement à s'échapper. Il détala aussi vite qu'il put et, inspirant un grand coup, se mit alors à crier de toutes ses forces :

— Au secours ! Au secours ! Réveillez-vous ! À l'aide !

Tandis qu'il fonçait en direction du campement, il trébucha et tomba. Ses genoux et ses mains étaient tout éraflés. Mais il se releva, hors d'haleine[1], et reprit sa course.

Dans son dos, il entendait ses agresseurs s'approcher. Les poumons en feu, Alexandre sentit ses genoux faiblir.

---

1. **hors d'haleine :** très essoufflé.

Les cris furieux de ses poursuivants résonnaient à ses oreilles ; il sentait que la distance qui les séparait s'amenuisait[1] de plus en plus. Soudain, un fouet se déploya dans la nuit, dont l'extrémité s'enroula autour des chevilles du jeune garçon. Lequel

1. s'amenuisait : devenait plus petite.

s'écroula au sol, mais parvint à se libérer à nouveau et se remit à courir.

Le fouet siffla encore et le frappa aux mollets. Malgré la douleur cuisante, il serra les dents, inspira à pleins poumons et hurla :

— Réveillez-vous ! Au secours !

Mais, au campement, rien ne bougeait.

Il parvint enfin à rejoindre la tente de l'égyptologue. D'un geste nerveux, il dézippa l'ouverture et s'introduisit à l'intérieur.

— Professeur Carter, vite ! Réveillez-vous ! s'écria-t-il avant de reculer, épouvanté…

Le savant gisait devant lui, inanimé. Était-il mort ?

Il vit alors que son visage était recouvert d'un masque d'anesthésie d'un autre âge. Alexandre voulut en libérer le professeur, mais soudain une fente s'ouvrit dans le toit de la tente et trois paires de bras s'emparèrent de lui.

On lui pressa un linge malodorant sur la figure et, bien que s'efforçant de retenir sa respiration, il sentit ses forces l'abandonner.

Quelques secondes plus tard, lui aussi sombra dans l'inconscience.

Le savant et les Tigres ne reprirent connaissance que quatorze heures plus tard. Chloé et Théo se traînèrent jusqu'au campement, où ils retrouvèrent Alexandre avec un immense soulagement. Tous les trois avaient une affreuse migraine et se sentaient terriblement nauséeux.

Malgré tout, ils se souvenaient parfaitement de ce qu'ils avaient vécu et découvert la nuit précédente. Ils emmenèrent Hippolyte Carter au palais souterrain et constatèrent, dépités, que les voleurs avaient embarqué tous les trésors.

Même les vigiles du professeur avaient disparu. De toute évidence, ils étaient de mèche avec le faux pharaon.

— Nous savons qui est l'auteur de ce coup monté, déclara Théo à son oncle. Il s'agit de l'un de tes collaborateurs !

Dans un premier temps, le savant refusa de le croire. Les Tigres citèrent alors le nom du suspect et se rendirent à sa tente. Elle était vide.

Question

Qui les Tigres soupçonnent-ils ?

Mes notes d'enquête

Chapitre 20

À la recherche du bateau

Le professeur Carter était fou de rage. Le Club des tigres avait certes fait une découverte sensationnelle, mais toutes les précieuses œuvres d'art avaient été dérobées.

— À vrai dire, jamais je n'aurais imaginé que La Trompe soit capable de faire une chose pareille, grogna Chloé. Je parie que, l'autre jour, elle avait réellement l'intention de nous jeter en pâture aux crocodiles, juste pour nous intimider.

À présent, Théo comprenait aussi pourquoi elle avait finalement changé d'avis.

— Elle voulait que nous trouvions l'emplacement du trésor du pharaon à sa place. Et, pour s'assurer que nous n'allions pas y renoncer, elle a même mis sa menace à exécution, sachant que cela ne pourrait qu'aiguiser notre curiosité.

L'égyptologue supposa que tous les objets qui se trouvaient dans le palais nouvellement reconstruit avaient été volés par elle lors de fouilles précédentes.

— Nous devons absolument retrouver ce palais, dit Alexandre. Nous savons qu'il se situe à proximité du Nil et que cette femme a même fait reconstituer un navire de pharaon.

Bien qu'approuvant cette proposition, le professeur exprima pourtant quelques réticences :

— Les rives du Nil s'étendent sur plusieurs milliers de kilomètres. D'autre part, des reproductions de bateaux de pharaon de ce genre, il en existe énormément…

— Essayons quand même. Ce palais ne peut pas être loin d'ici, insista Alexandre. Après tout, nous y avons été emmenés, puis ramenés en un laps de temps[1] relativement court. En quelques heures tout au plus…

Le chercheur ne voulant pas, lui non plus, abandonner tout espoir, il se rendit avec les Tigres au Caire, où ils louèrent un petit avion.

Le pilote eut pour instruction de survoler les rives du Nil aussi bas que possible.

1. **laps de temps :** espace de temps.

C'était une journée ensoleillée, et les Tigres pouvaient très clairement distinguer toutes sortes d'embarcations voguant sur les eaux bleu marine du fleuve : des petits bateaux, des paquebots de luxe, des bateaux à moteur et… des voiliers égyptiens.

Hélas ! ils voguaient tous sans jamais accoster sur les berges, si bien que les jeunes détectives ne purent localiser le bâtiment royal.

— Pouvez-vous au moins reconnaître le voilier que vous avez vu à proximité du palais ? demanda le professeur Carter.

Question

Et toi, le reconnais-tu ?

Oui, grâce au symbole de l'œil sur la voile.

Épilogue

Depuis le ciel, les Tigres observaient le bateau dont ils avaient reconnu la voile. Ils durent attendre un certain temps avant que ce dernier ne finisse par se diriger vers la rive. À l'aide de jumelles, ils scrutèrent alors la bande de terre et ne tardèrent pas à repérer le palais reconstruit.

La police fut alertée, et, quelques heures plus tard, on eut la confirmation que Mme Raster était bel et bien l'auteur du délit recherché depuis si longtemps. Lors de nombreuses fouilles, elle avait, à chaque fois, dérobé des trésors d'une valeur de plusieurs millions d'euros.

On l'arrêta, et les statues désormais placées en lieu sûr devaient être acheminées vers un musée du Caire.

— Et pourquoi ne transformeriez-vous pas le palais en musée ? proposa Théo.

Le professeur Carter trouva l'idée tout à fait pertinente.

— Dites-moi, tous les trois : avez-vous déjà eu l'occasion de vivre une telle aventure ? leur demanda-t-il.

Les Tigres esquissèrent un sourire et hochèrent la tête.

— Oh oui ! Et pas qu'une fois !

Le chercheur tomba des nues[1] lorsque ces derniers lui relatèrent le genre d'enquêtes qu'ils avaient déjà menées à bien.

— À croire qu'un mauvais sort vous a condamnés à élucider des énigmes insolubles et à révéler des mystères tenus secrets pendant des siècles ! s'exclama-t-il.

1. **tomba des nues :** fut très surpris.

Chloé, Théo et Alexandre échangèrent un regard complice, puis éclatèrent de rire.

— Oui, et espérons que ce mauvais sort agisse encore longtemps, car notre devise reste toujours la même :

« Nous sommes les Tigres rugissants,
Toujours sur une nouvelle piste…
Et avant qu'un mystère nous résiste,
Les poules auront plein de dents ! »

D'ailleurs, une prochaine affaire attend déjà les Tigres en Amérique : en plein New York, Alexandre a été kidnappé par un mystérieux hélicoptère…

Mes notes d'enquête

Achevé d´imprimer en Espagne par Grafo à Basauri
Dépôt légal: Mars 2019 - Édition 01 - 22/4370/6